优秀技术工人
百工百法丛书

# 陈宇航工作法

## 大型管道装配

中华全国总工会 组织编写

陈宇航 著

中国工人出版社

技术工人队伍是支撑中国制造、中国创造的重要力量。我国工人阶级和广大劳动群众要大力弘扬劳模精神、劳动精神、工匠精神，适应当今世界科技革命和产业变革的需要，勤学苦练、深入钻研，勇于创新、敢为人先，不断提高技术技能水平，为推动高质量发展、实施制造强国战略、全面建设社会主义现代化国家贡献智慧和力量。

——习近平致首届大国工匠创新交流大会的贺信

# 优秀技术工人百工百法丛书

## 编委会

# 优秀技术工人百工百法丛书

## 海员建设卷

## 编委会

# 序

党的二十大擘画了全面建设社会主义现代化国家、全面推进中华民族伟大复兴的宏伟蓝图。要把宏伟蓝图变成美好现实，根本上要靠包括工人阶级在内的全体人民的劳动、创造、奉献，高质量发展更离不开一支高素质的技术工人队伍。

党中央高度重视弘扬工匠精神和培养大国工匠。习近平总书记专门致信祝贺首届大国工匠创新交流大会，特别强调“技术工人队伍是支撑中国制造、中国创造的重要力量”，要求工人阶级和广大劳动群众要“适应当今世界科技革命和产业变革的需要，勤学苦练、深入钻研，勇于创新、敢为人先，不断提高技术技能水平”。这些亲切关怀和殷殷厚望，激励鼓舞着亿万职工群众弘扬劳模精神、劳动精神、工匠精神，奋进新征程、建功新时代。

近年来，全国各级工会认真学习贯彻习近平总书记关于工人阶级和工会工作的重要论述，特别是关于产业工人队伍建设改革的重要指示和致首届大国工匠创新交流大会贺信的精神，进一步加大工匠技能人才的培养选树力度，叫响做实大国工匠品牌，不断提高广大职工的技术技能水平。以大国工匠为代表的一大批杰出技术工人，聚焦重大战略、重大工程、重大项目、重点产业，通过生产实践和技术创新活动，总结出先进的技能技法，产生了巨大的经济效益和社会效益。

深化群众性技术创新活动，开展先进操作法总结、命名和推广，是《新时期产业工人队伍建设改革方案》的主要举措。为落实全国总工会党组书记处的指示和要求，中国工人出版社和各全国产业工会、地方工会合作，精心推出“优秀技术工人百工百法丛书”，在全国范围内总结100种以工匠命名的解决生产一线现场问题的先进工作法，同时运用现代信息技术手段，同步生产视频课程、线上题库、工匠专区、元宇宙工匠创新工作室等数字知识产品。这是尊重技术工人首创精神的重要体现，是工会提高职工技能素质和创新能力的有力做法，必将带动各级工会先进操作法总结、命名和推广工作形成热潮。

此次入选“优秀技术工人百工百法丛书”作者群体的工匠人才，都是全国各行各业的杰出技术工人代表。他们总结自己的技能、技法和创新方法，著书立说、宣传推广，能让更多人看到技术工人创造的经济社会价值，带动更多产业工人积极提高自身技术技能水平，更好地助力高质量发展。中小微企业对工匠人才的孵化培育能力要弱于大型企业，对技术技能的渴求更为迫切。优秀技术工人工作法的出版，以及相关数字衍生知识服务产品的推广，将对中小微企业的技术进步与快速发展起到推动作用。

当前，产业转型正日趋加快，广大职工对于技术技能水平提升的需求日益迫切。为职工群众创造更多学习最新技术技能的机会和条件，传播普及高效解决生产一线现场问题的工法、技法和创新方法，充分发挥工匠人才的“传帮带”作用，工会组织责无旁贷。希望各地工会能够总结命名推广更多大国工匠和优秀技术工人的先进工作法，培养更多适应经济结构优化和产业转型升级需求的高技能人才，为加快建设一支知识型、技术型、创新型劳动者大军发挥重要作用。

中华全国总工会兼职副主席、大国工匠

高凤林

# 作者简介
About The Author

陈宇航

1999 年出生，中国共产主义青年团第十九次全国代表，中建八局第一建设有限公司安装公司智造研发中心研发工程师，高级技师，齐鲁大工匠工作室负责人。

已累计获得全国技术能手、全国青年岗位能手、首届全国技能大赛冠军等国家级荣誉 8 项；齐鲁大工匠、上海五一劳动奖章、山东青年五四奖章等省部级荣誉 6 项。

2019 年进入中建八局，从事装配式机房加工生产，科技研发和产业工人培训等工作。通过对产业工人的技能培训，改良装配工艺，项目平均加工工期缩短 30%，在科技研发方面已获得发明专利 6 项，实用新型专利 8 项，省部级工法 1 项，并在 2020 年 12 月参加中华人民共和国第一届职业技能大赛，获得“管道与制暖”项目金牌。

在这个技能人才大有可为、大有作为的时代，希望我们广大技能工匠能够实现技能成才，技能报国。

陈宇航

# 目　录
# Contents

# 引　言
# Introduction

技术创新是推动生产力发展，促进产业升级的重要手段，它对于稳固国家发展的经济基础具有至关重要的作用。经济基础决定上层建筑。在这个过程中，技术创新起着不可替代的作用。它可以帮助我们解决生产中的各种问题，提高生产效率，保证产品的质量，提升企业的竞争力。

在大型管道的装配中，因管道口径大且形状多样化，无法使用机械辅助装配，在装配式管道加工中依然是人工使用铅锤、卷尺、弹线等常规工器具进行装配测量，如管道弯曲、法兰盘装配、异形管组装配等。这些类型管道加工或装配难度较高，人工装配精度较低，常出现因管道加工精度误差导致现场无法进行安装，甚至返工，从而造成建筑成本和施工工期的增加。

同时行业整体的装配工艺比较落后，缺乏管道装配相关的学习资料。技术工人操作手法多种多样，没有一个统一的管道装配规范，导致产品加工质量不稳定。

以上问题严重影响装配式管道生产效率和施工质量，需要我们寻找解决办法。因此，我对常见的管组形式的装配进行了技术总结，形成了一种新的装配工艺，这就是一种大型管道装配技术方法。

本书主要阐述的是我在参加技能竞赛以及在实际工作中所总结出的方法、经验和技巧，供大家参考。

## 第一讲

# 管道法兰盘的快速装配操作工艺

## 一、技术背景

法兰盘连接是一种常见的管道连接方式，它的主要原理是通过将两个管道分别固定在各自的法兰盘上，在这两个法兰盘之间加上一层法兰垫，利用螺栓将两个法兰盘紧密地连接，形成一种可拆卸的接头连接。

法兰盘连接使用灵活、便捷，使得管道设备安装和仪器的检修变得相当方便。在实际操作过程中，要确保两个法兰盘紧密结合，其中有一个生产环节尤为重要，即操作人员在安装管道与法兰盘时，需要对螺栓孔进行统一水平方向上的定位。这样，所有法兰盘都能达到相同的角度，最后形成的接头连接也就更为紧密和稳定。

在安装过程中，两片法兰盘之间的螺栓孔就处于完全同轴的位置。不仅管道接头连接更为顺畅，其维护和维修也相对较为便捷。因此，精准的法兰盘定位成为管道安装中关乎质量的一个重点环节，也直接反映在最后的工程质量和使用效果上。

## 二、现有技术存在问题描述

### （一）线坠操作法

在一些工程操作中，线坠的使用是不可或缺的。然而，线坠的不稳定性往往会对工作效率产生影响。由于线坠在操作过程中容易晃动，这不仅会降低操作速度，还可能导致操作结果的准确性受到影响。例如，在装配法兰盘的过程中，如果线坠晃动，可能会使得两端法兰盘螺栓孔的同心度精度不准确。

同心度精度是衡量法兰盘装配质量的重要指标之一。如果两端法兰盘螺栓孔的同心度精度不准确，将会严重影响法兰盘装配的精度。这是因为法兰盘的螺栓孔如果不能准确对齐，可能会导致法兰盘在连接过程中产生偏移，从而影响到整个装配的稳定性和密封性。

因线坠工具受限原因，无法进行法兰盘与管道垂直度的精度调整。

图 1　线坠操作法示意

## （二）激光水平仪装配法

使用激光水平仪装配法兰盘无法调整与管道的竖向和纵向垂直度，且在装配过程中，激光水平仪需要放置在平整的地面上，才能确保测量的准确性。如果地面不平整，导致激光水平仪倾斜，就会导致测量结果不准确。

图 2　激光水平仪装配法示意

## 三、管道法兰盘的快速装配操作工艺流程及实施效果

### （一）使用工器具

数显水平尺 2 把、M12X80 螺栓 +M12 螺母 2 套、磁吸角尺 8 把。

### （二）法兰盘与管道预装配

（1）以承口形式的法兰盘作为安装示例。如图 3 所示，首先对需要连接的管道部位进行除锈处理，再清除法兰连接部位的污垢和油渍，避免影响焊接质量，然后把法兰盘预放置在需要装配的直管接口处。

（2）如图 4 所示，承口形式的法兰盘设计为内径稍大于管道，以便于装配在管道上。法兰盘被放置上去后，由于法兰盘自重原因，法兰盘与管道接触的上方位置会自然紧密贴合。然而，由于法兰盘的内径宽度略大于管道，法兰盘下方会出现较大的缝隙。此时需要测量缝隙的大小，并在法兰盘紧密

贴合管道的上方位置，放置相应大小的垫片，确保法兰盘与管道四周的缝隙均匀，不影响焊接工序。需要注意的是，为了避免缝隙过大或过小，垫片的厚度需要根据缝隙的实际大小进行选择。

图 3　管道接口除锈

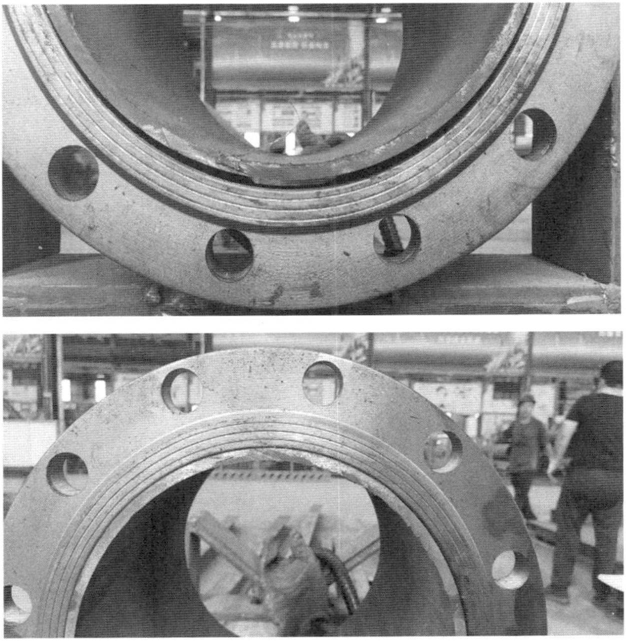

图 4 法兰盘装配上下缝隙不均匀

## （三）调整两片法兰盘螺栓同轴度

（1）另一片法兰盘预装后，再分别使用螺栓和螺母穿过法兰盘。如图 5 所示，需要注意的是，安装完成后，螺杆外露长度不小于 50mm；螺母安装方向朝外；用螺母把螺栓固定在法兰盘上。在这个过程中，需要利用螺栓的自重使其下沉并与法兰盘紧密接触，紧固螺母使其固定。

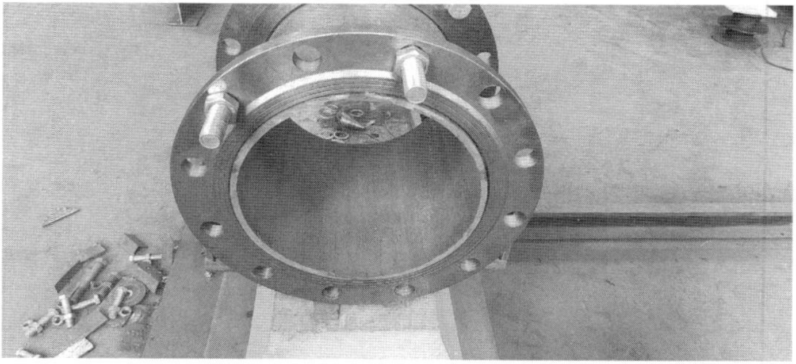

图 5　法兰盘螺栓和螺母安装

（2）如图 6 所示，将数显水平尺放置在螺杆位置。此时需要注意的是，数显水平尺的显示面应平

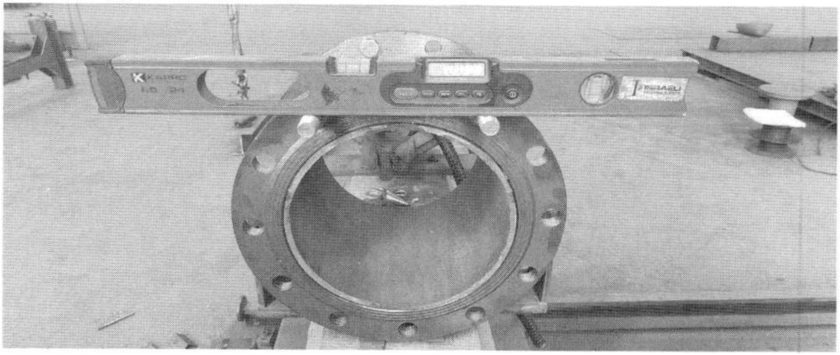

图 6　数显水平尺调整法兰盘

齐于螺栓的水平面。通过旋转两片法兰盘进行调整。这时需要把两把数显水平尺调到水平状态或者同方向相同的度数。这样做的目的是让两片法兰盘的螺栓孔保持同轴度，从而实现两片法兰盘的精确拼接。

## （四）调整法兰盘与管道的垂直度

（1）如图 7 所示，两侧法兰盘安装方式一致。首先需要清理法兰盘需要吸附位置的杂质，因为这些杂质可能会影响法兰盘的装配精度。

图 7　使用磁吸角尺调整法兰盘与管道的垂直度

（2）磁吸角尺应该被分别放置在法兰盘和直管

的内侧四周。法兰盘进行微调时，可以确保磁吸角尺与法兰盘和直管四周完全贴合，并且四周均为 90° 夹角。最后，进行点焊固定。

## 第二讲

# 管道弯曲弧长中点标记计算方法

## 一、技术背景

管道弯曲是采用成套弯曲设备进行弯曲的，分为冷煨与热推两种工艺，是一种快速便捷的管道加工方式，相比管件，具有节约、高效、稳定等优点。管道弯曲主要用于弯制有色或黑色金属的管材，广泛应用于建材生产、造船业、化工业、冶金行业、锅炉制造及重型机械制造等各个领域。此外，该技术也在隧道、车顶、地铁工程、天棚、运动器材等方面有着广泛的应用。

管道弯曲在实际应用中，有减少水阻、节约材料、提升施工效率等众多优点。然而，其过程中需要的弯曲计算相对复杂，对一线工人的技术要求较高，不易推广应用。为解决这一问题，需要对传统管道弯曲计算方法进行优化改进。优化后的计算过程更为简洁，弯曲一个弧长只需标记一个点，即弧长的中点，这既简化了操作，又降低了误差，进一步提高了加工精度和效率。

## 二、传统管道弯曲计算方法存在问题

### （一）加工效率低

传统管道弯曲的计算方式是计算一段直线段和一段弧长并标记在管道上。弯曲一个弧长需要标记两个点（弧长起点和结束点），增加了管道弯曲前画线的时间。这种方式不仅操作烦琐，也更容易出错。

### （二）加工精度低

在管道标记步骤中，每个弧长需要标记两个点，这种方法会引入累计误差。当管道出现连续弯曲时，累计误差会逐渐增加，导致加工精度下降。这种降低的加工精度会直接影响施工装配质量，从而影响工期。因此，在管道标记过程中，需要细化操作，采取更精确的标记方法，以提高加工精度和施工装配质量。

### （三）计算步骤烦琐

传统管道弯曲计算方式是通过使用圆周率和三

角函数来计算弧长和半弯直长。在直管上进行标记时，需要分别标记一段直线段的尺寸和一段弧长。这种计算步骤烦琐，不仅影响加工效率，还不利于一线施工的技术推广。

## 三、管道弯曲弧长中点标记计算方法及实施效果

### （一）使用工具

科学计算器、弯管器 R64（罗森博格）、润滑剂、记号笔、卷尺、锯弓或割刀。

### （二）管道弯曲——半弯直长

说明：半弯直长是圆弧两端管道轴线交点至弧长端点的尺寸，主要是用来计算直线段尺寸。

#### 1. 半弯直长计算公式

$R \times \tan A/2 = L$

$R$：弯曲半径

$A$：弯曲角度（是在弯管器上实际弯曲的角度）

$L$：半弯直长

## 2. 弯曲 60° 的半弯直长计算示例

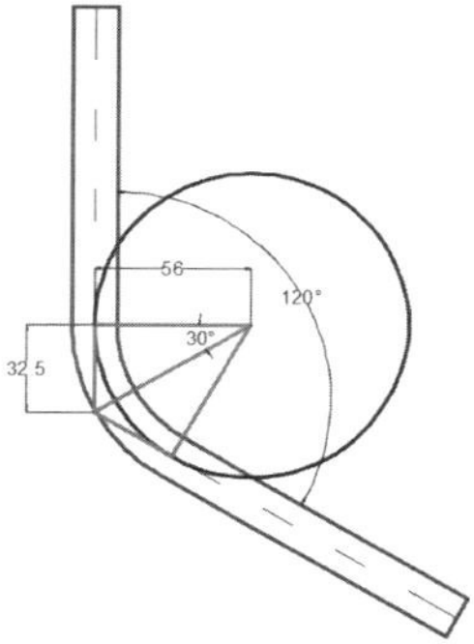


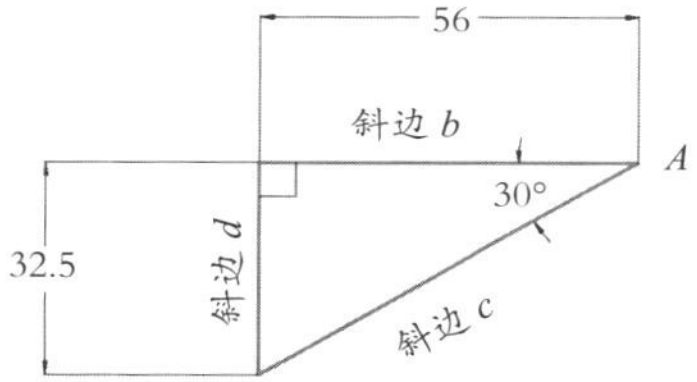


①弯曲半径 64mm　②弯曲角度 60°

计算示例：$64 \times \tan60/2 \approx 37$

## 3. 弯曲 90° 的半弯直长计算示例

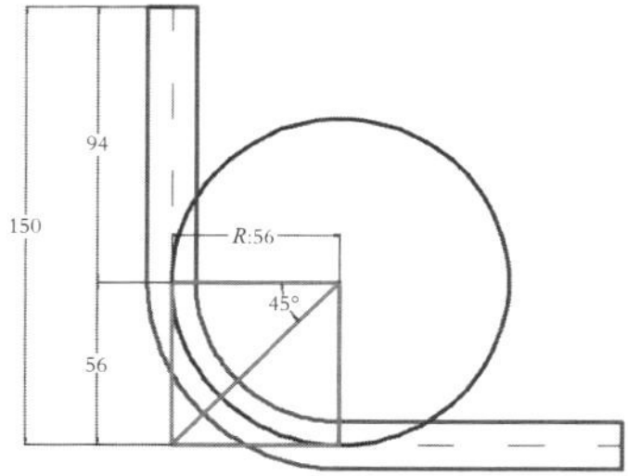


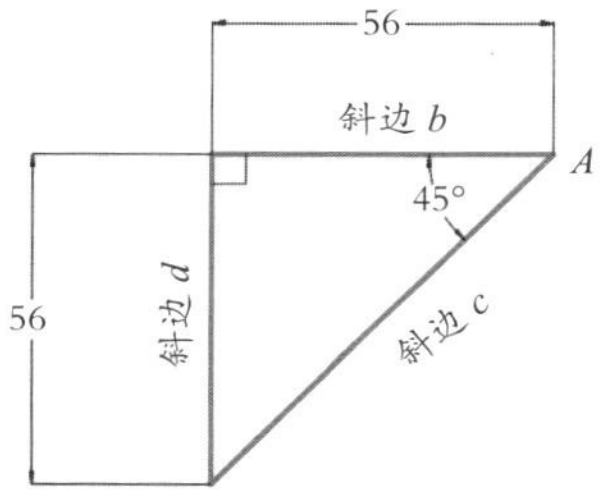


计算示例：$64 \times \tan90/2 = 64$

## （三）管道弯曲——弧长计算

### 1. 说明

弧长是指管道在弯管器上从 0 刻度至所需弯曲角度刻度所形成的长度。在传统的管道弯曲方式中，为了确定弯曲角度，通常会先标记一段直线段，然后再标记一段弧长，最后再标记一段直线段。这种方式可以确保管道在弯曲过程中保持一定的长度和角度。

### 2. 管道弯曲——弧长计算公式

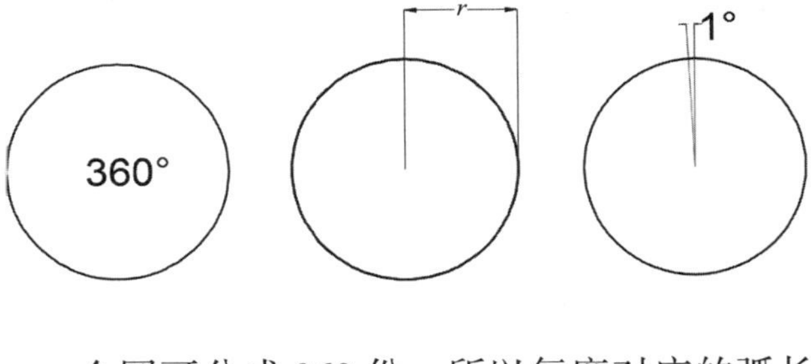


一个圆可分成 360 份，所以每度对应的弧长为 $\pi/360 \approx 0.0087$。在弯管器中，通常标注的是弯曲半径而不是弯曲直径。我们可以直接使用 0.0087 乘 2 来计算每度对应的弧长，即 0.0174。因此，计算

弧长的公式为 $0.0174 \times R \times A = L$ 弧（$R$：弯曲半径；$L$ 弧：弧长；$A$：弯曲角度）。例如，如果我们需要计算 30° 对应的弧长，可以将相应的角度代入公式，即 $30° = 0.0174 \times R \times 30$；同样，$60° = 0.0174 \times R \times 60$。

## （四）管道弯曲——伸缩量和位移量

### 1. 伸缩量

（1）在金属管道弯曲时，管道内侧会受到压缩，而外侧则会受到拉伸。这导致管道圆弧部分被拉伸，使得实际尺寸比理论计算尺寸要大。这种被拉伸的量被称为伸缩量。伸缩量的大小取决于弯曲变径、管道直径以及管道材质等因素。为了得到具体数值，需要根据实际弯曲情况进行实测。

伸缩量的大小与管道材质和弯曲半径有关。一般来说，弯曲角度越大，伸缩量也会越大。此外，塑料管道的伸缩量通常比金属管道的伸缩量要大。但伸缩量是有规律的。只要找到弯曲 1° 时的伸缩量，就可以准确计算其他弯曲角度对应的伸缩量。

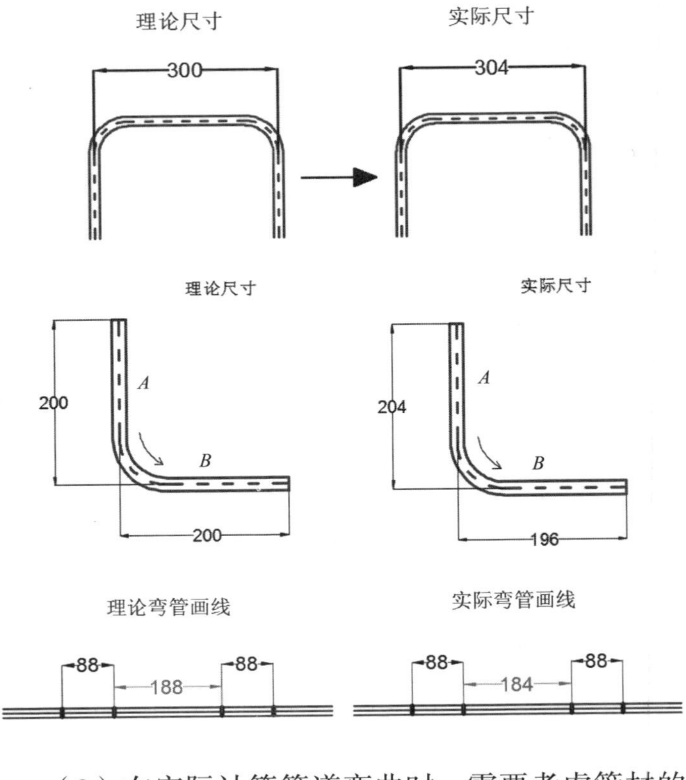


（2）在实际计算管道弯曲时，需要考虑管材的伸缩量以确保实际尺寸与理论尺寸一致。在进行管道弯曲时，由于管材的物理特性，会产生一定的伸

缩量。这是因为管材在弯曲过程中，会受到拉伸和压缩的力，导致管材的长度发生变化。为了保证管道弯曲后的实际尺寸与理论尺寸一致，需要对伸缩量进行计算和调整。需要注意，起弯部分直线段和尾弯部分直线段的伸缩量是有所区别的。这是因为在管道弯曲的实际操作中，我们通常会沿着同一个方向进行弯曲，并且伸缩量也会沿着同一个方向累积。因此，起弯部分直线段和尾弯部分直线段的伸缩量是有所区别的。具体的数值需要根据所使用的弯管器和管径进行实际验证。

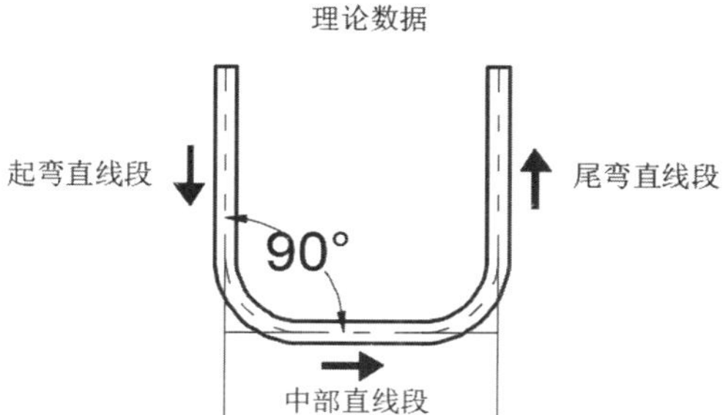

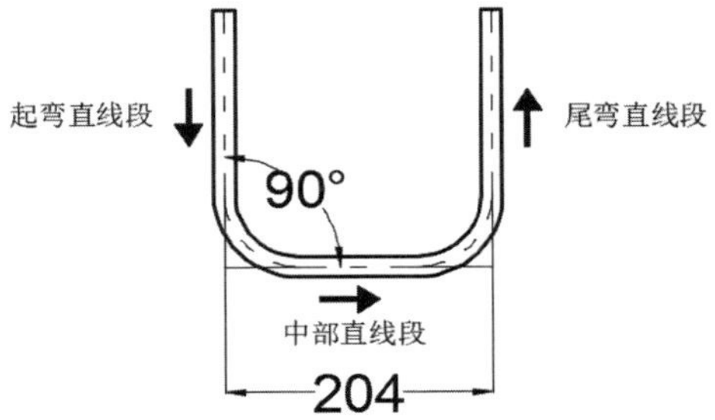


## 2. 位移量

位移量主要体现在塑料管道弯曲过程中。由于塑料管道的摩擦系数较小，相比金属管道而言，塑料管道在弯曲时会发生一定程度的“打滑”。这种“打滑”包括两个方面的变化。首先，管道会被拉伸出多余的长度，以适应弯曲的形状。其次，管道还会沿着弯管器内侧发生一定程度的滑动，这部分滑动即为位移量。

要想精确地控制塑料管道的弯曲尺寸，就必须考虑不同角度下的位移量。不同角度的弯曲会导致不同程度的位移，因此在设计和制造过程中，需要根据具体要求来确定合适的位移量。通过合理控制位移量，可以确保塑料管道在弯曲后仍能保持所需的尺寸。

## （五）管道弯曲弧中点计算公式

1. 公式：$B-L=C$

B：半弯直长　$L$：半弯弧长　$C$：差值。

说明：$L$ 是弧长的一半，C 是在计算管道弯曲画线下料时需要扣减的尺寸。

2. 计算示例

管道弯曲由直线段和弧长组成，操作时要知道弯曲半径、管道构造长度、半弯直长、弯曲角度、直线段、弧长这 6 个数据。

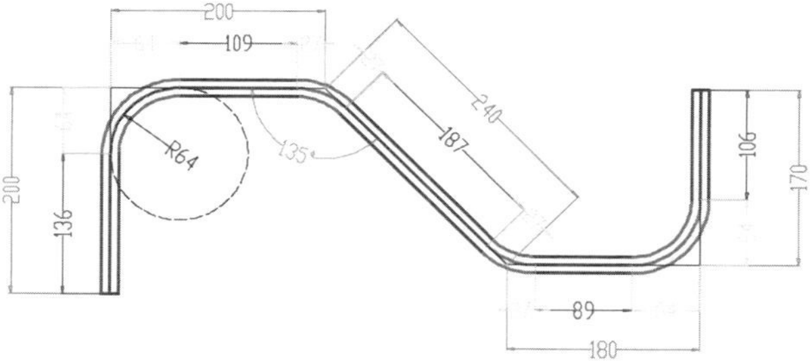

（1）半弯直长：弧长的端点到两管轴线的延长线交点长度为半弯直长。

（2）计算公式：弯曲半径 ×tan（弯曲角度 / 2）= 半弯直长。

64×tan（90/2）=64　64×tan（135/2）≈155

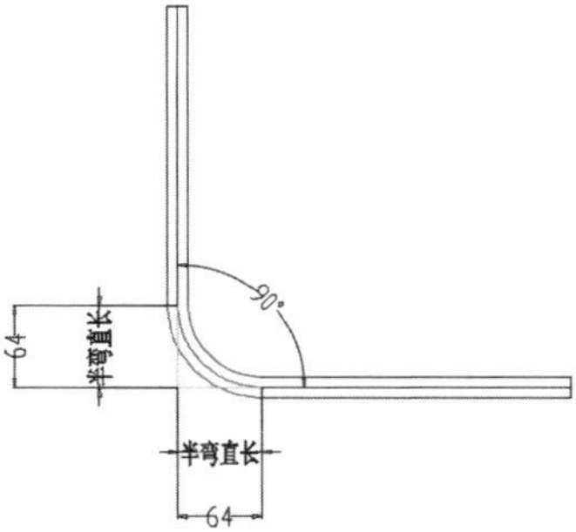


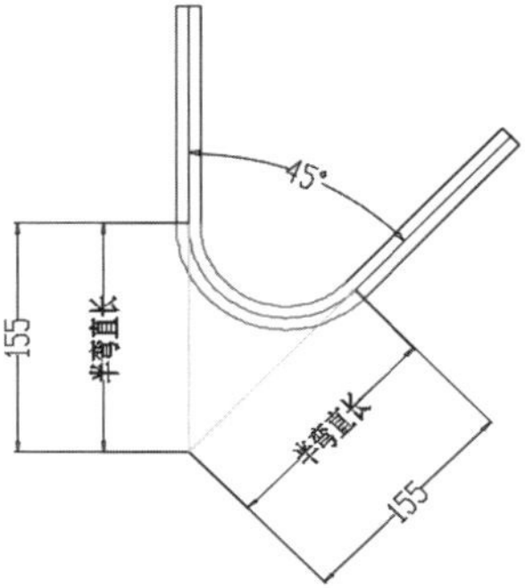

（3）计直线段：构造长度－半弯直长＝直线段。

300−64=236　300−155=145

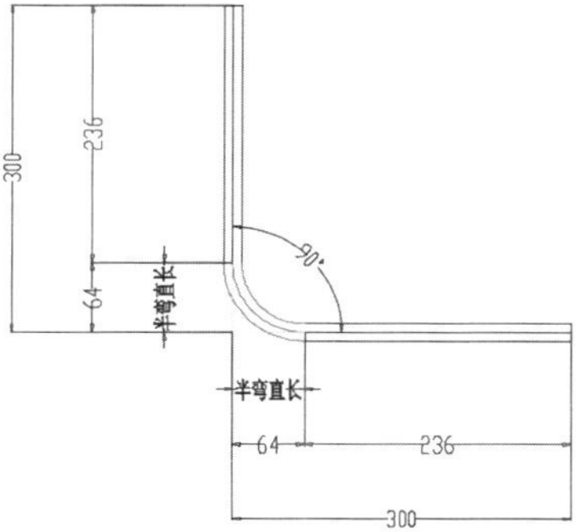


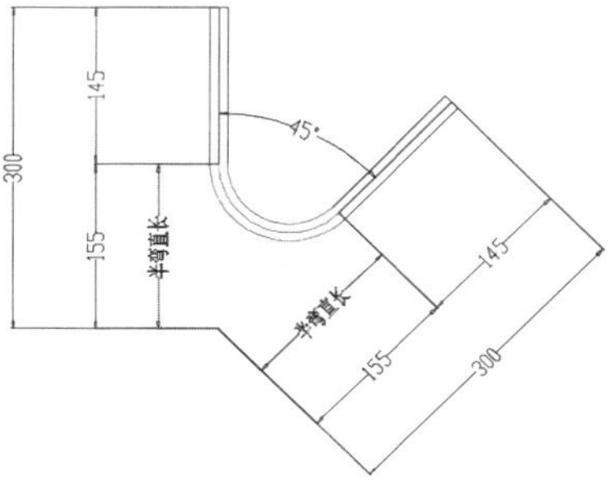


（4）弧长：管路弯曲部分的直线长度称为弧长。

计算公式：弯曲半径 ×0.0175× 弯曲角度＝弧长。

$$64 \times 0.0175 \times 90^\circ \approx 101$$

$$64 \times 0.0175 \times 135^\circ \approx 151$$

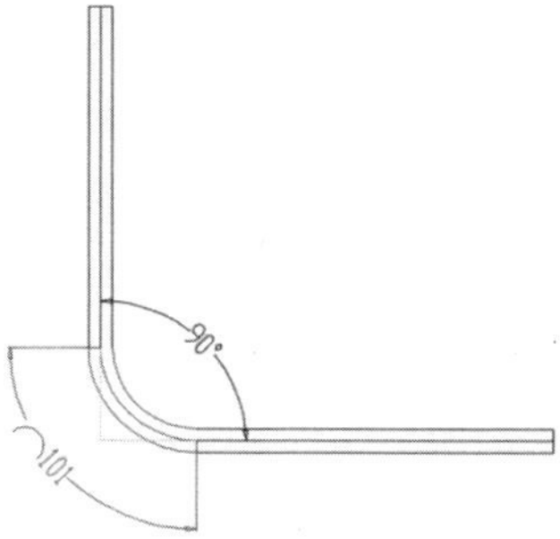


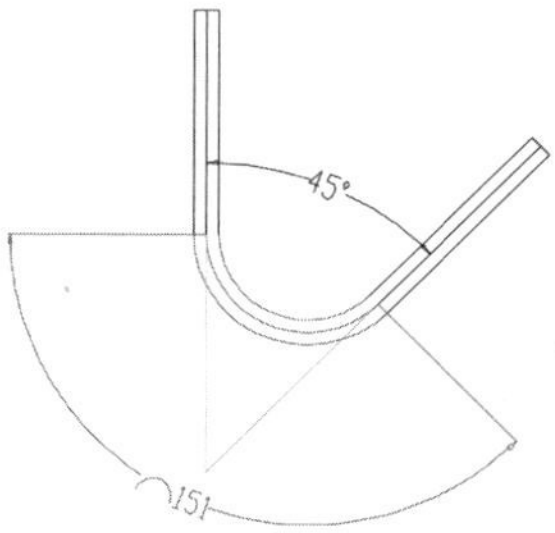

## 第三讲

# 异形管组的放样制作方法

## 一、技术背景

随着我国建筑业的持续发展，绿色低碳的装配式建筑施工模式受到了广泛的推崇和应用。其中，制冷机房管道预制安装是装配式建筑领域的一部分。这种安装方式主要利用了 BIM（建筑信息模型）技术，通过对建筑信息的建模，可以在工厂中提前完成管道的下料、组装和焊接工作。

这种预制安装方式的优势主要体现在工期的大幅度缩短以及施工效率的显著提升。由于所有的管道部件都是在工厂中提前完成的，因此运输到现场后，只需要进行简单的拼装即可。这种方式不仅能提升施工质量，还具有低碳环保和节约资源的优势，有效避免了大量建筑垃圾的产生和劳动力的浪费。

然而，管道预制装配相比现场施工，对管道加工质量及精度的要求极高。因为所有的管道部件都是在加工厂提前完成的，所以在加工过程中必须对每一个部件的质量和精度进行严格的把控，以确保整个管道系统的稳定性和可靠性。

## 二、异形管组装配技术难点

### （一）加工精度低

异形管组装配因其形式和角度的复杂多样性，无法像常规管组一样使用机械辅助进行装配。目前，大多数异形管的装配都只能依靠人工完成。由于人工装配的精度难以保证，导致加工误差较大，使得异形管在现场无法正常安装。这不仅浪费了人力和物力资源，而且还会直接影响施工的进度，成为装配式管道加工在实施过程中所面临的一大难题。

### （二）加工效率低

异形管架的组装方式多样，包括横、竖、斜等多种形式，装配过程十分复杂。因此，这种结构的装配不能使用机械化生产，只能依赖人工进行，而人工组装的效率远低于机械化生产。工人需要对异形管架一一进行定位、装配、固定等步骤，整个过程需要消耗大量时间。工程的施工速度会受到极大限制，进而影响整个工程的进度。异形管架的组装问题，导致了施工效率低、成本高、周期长等一系列问题，给工程施工和装配式建筑的推广带来了负面影响。

## 三、异形管组的放样制作方法

### （一）45° 管件组对

如图 8 所示，在组装 45° 弯头管件的过程中，其中 45° 的管件构造尺寸难以测量准确。为了解决这个问题，我们可以采用 1∶1 放样法来进行测量。

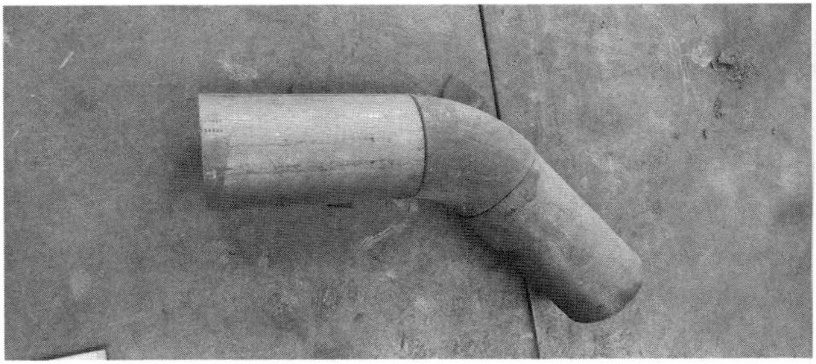

图 8　45° 管件组对形式

第一步：需要找一个比较平整的装配面，如图 9

所示。在这个平面上，我们按照 1：1 的比例画出需要制作的管组。

图 9　管组构件放样

第二步：使用角尺，如图 10 所示，将 45° 弯头端面的上下点调整为与装配平台垂直。为了确保 45° 弯头在移动过程中不会改变方向，我们使用 L 垫铁放置在 45° 弯头的两侧进行固定，使管件保持一个平面，方便进行组装。

第三步：将调整好的 45° 弯头放置在 1：1 放样管线的管件位置处，并使用角尺对齐放样管线。

图 10　45° 弯头调整固定

第四步：从 45° 弯头的两个端面分别测量到直管放样末端，得出两段直管的下料尺寸。如果发现 45° 弯头的口径比直管的口径略大，我们可以在直管的下方放置垫片，以调整管道错口。整体制作采取放样 1：1 下料及装配，无论是尺寸还是角度精度都能得到准确的保证。

### （二）非特殊角度管组装配

在制作非特殊角度管件的装配过程中，由于管件角度难以把握，往往会导致尺寸偏差，进而影响装配式施工的质量。因此，为了提高装配精度，我们可以采用 1：1 放样的方法来制作这类管组，具体操作方式与 45° 管件装配相似。

通过采用 1：1 放样的方法制作非特殊角度管件的装配，可以有效提升装配精度，避免尺寸偏差对装配式施工的影响。同时，该方法操作简单，易于掌握，适用于各种非特殊角度管件的制作和装配。

## （三）三通主管与支管装配

在管道装配中，尤其是大型管道装配施工中，常见的情况是主管与支管的装配形式，通常一根主管要分出 3~4 根支管（见图 11）。由于分支管较多，容易产生累计误差，因此对加工尺寸和角度的精度要求较高。

（1）在装配平台上，首先将直管与三通按照图纸的要求依次放置在升降靠板位置上。为了确保直管紧贴升降靠板，避免直管滚动影响装配，可以使用 L 形垫铁进行固定。然后将 2 根支管分别放置在对应的位置上，以升降靠板为基准，通过调整 L 形

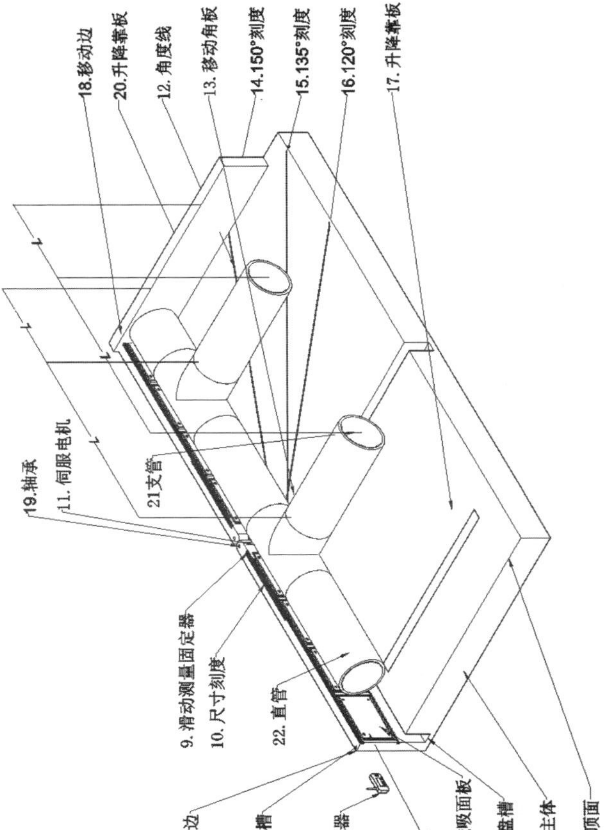
18.移动边
20.升降靠板
12. 角度线
13. 移动角板
14.150°刻度
15.135°刻度
16.120°刻度
17. 升降靠板
19.轴承
11. 伺服电机
21支管
9. 滑动测量固定器
10. 尺寸刻度
22. 直管
1. 固定边
2. 滑动槽
3. 控制器
4. 螺栓
5. 电磁吸面板
6. 法兰盘槽
7. 平台主体
8. 平台顶面

图 11 主管与支管装配

垫铁间距尺寸来确定支管的平行位置。需要注意的是，测量尺寸时尽量避免单段测量，建议所有的尺寸测量都以升降靠板为基准，这样能避免累计误差的产生。调整好支管尺寸后，再使用 L 形垫铁进行定位。

（2）接下来，使用焊接方式对管道接口进行点焊定型。由于在焊接过程中会产生热变形，导致已装配好的管组之间的角度发生变形，从而影响加工精度。为了解决这个问题，可以在主管与支管之间添加斜撑来防止热变形的发生。通过细致的操作和调整，可以确保管道装配的精度和质量。

## （四）三维异形管组装配

（1）在大型管道装配中，通常管组装配形式为二维平面，但在个别情况下，因施工因素导致设计图会出现装配难度较高的管组。以下讲述的三维异形管组装配工艺，能够更可靠准确地控制精度。如图 12 所示，第一步先在装配平台 1：1 放样，根据放样模板先放置 45° 弯头，再放置直管①和直管②，并使用角尺沿放样线调整 45° 弯头与直管①和直管②，并使用 L 形垫铁进行防滑固定；第二步根据放样模板放置 90° 弯头，使用角尺确定 90° 弯头端面与平台垂直，再放置直管③和直管④，再次使用角尺和 L 形垫铁进行调整固定。

（2）90° 弯头 + 直管③ + 直管④为组件 1 并平放置在平面上，45° 弯头 + 直管① + 直管②为组件 2，使用行吊设备辅助与组件 1 对接，并使用数显水平尺和倾角仪进行精度调整，最后再进行点焊固定。

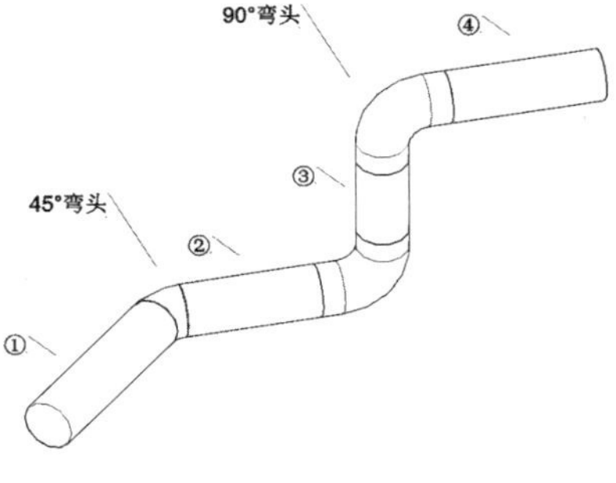


图 12　异形装配

## 第四讲

# 偏心变径短管装配方法

## 一、技术背景

在装配式制冷机房的建设过程中，设备如水泵机组、制冷机组和换热器等需要使用偏心变径短管或等径变径短管进行连接。这些设备在机房中的使用数量多且规格尺寸一致，但成品偏心变径短管的口径大小（大口径与小口径）的偏心尺寸很难测量准确。这是因为偏心变径短管的宽度偏离中心线的距离难以用常规的测量工具进行准确测量，从而影响装配精度。

## 二、偏心变径短管装配技术难点

### （一）管件尺寸难以测量准确

如图 13 所示，在实际操作中，由于偏心变径管件的特殊形状，使得其大口径与口径偏心尺寸的测量变得困难。这是因为其四周呈圆弧曲线形状，没有明显的管件分界线作为测量的参考点。

图 13　偏心变径管件

## （二）管件与法兰盘装配精度不易把控

偏心变径管件与同心变径管件相同，都在外观上呈现出圆弧曲线的形状。这一特性给它们的安装带来了一定的复杂性，特别是在与法兰盘组装时。为了保证安装的准确性，必须精确调整管件与法兰盘的垂直度。垂直度是指在装配过程中，两者连接的中心线必须是垂直的。此外，还需要注意管件与法兰盘连接处两片法兰盘螺栓孔对齐的问题。这两片法兰盘上的螺栓孔必须同轴对齐，否则会影响整个装配的精度。

## 三、偏心变径管件测量与装配方法及实施效果

### （一）偏心变径管件尺寸测量

（1）如图 14 所示，需要找一个相对平整的面，然后将偏心变径管件的大口径端口朝下放置在这个平面上。沿着管件的边缘描绘出一个大口径的圆圈。

图 14　偏心变径管件测量

（2）首先将管件翻转，使其小口径部分朝下。沿管件的边缘描绘出一个小口径的圆圈。其次需要画出两个内接圆的中心线。把偏心变径管件的小口径朝下放置在之前描绘的圆圈处，使其重合，通过原地转动，使用角尺辅助调整至上端大口径与大圆

圈重合，内接圆中心线两交点处分别在管件上标记出最高点和最低点。最后通过大口径直径减去小口径直径，得出两个口径的偏心尺寸。

### （二）快速确定法兰盘螺栓孔中心线

（1）如图 15 所示，使用记号笔和钢尺在两个螺栓孔上画出内公切线。内公切线是指从一个螺栓孔的内侧边缘到另一个螺栓孔的内侧边缘的直线，这条线应该恰好与两个螺栓孔的内侧边缘接触，但不应该进入螺栓孔内部。

图 15　法兰盘螺栓孔中心线标记

（2）在法兰盘的对称位置上，使用同样的方法，再次画出两个螺栓孔的内公切线。接下来，连接这两条内公切线的交点。这些交点就是两个螺栓孔的中心线。

## （三）偏心变径管件装配方法

如图 16 所示，安装偏心变径短管的步骤如下。

第一步：在偏心变径短管的大口径和小口径管端处分别点焊 3 套螺杆和螺母组件，用于调整法兰盘。

第二步：将偏心变径短管的大口径端口插入法

图 16 偏心变径管件装配

兰盘中，使偏心变径管件上的最高点和最低点与法兰盘上的两个螺栓孔的中心线对齐。

第三步：将另一片法兰盘放置在偏心变径短管的小口径处，并使用角尺调整上下两片法兰盘的中心线对齐。

第四步：通过旋拧螺栓和螺母组件，调整上下两片法兰盘的尺寸，使其与图纸上的要求一致，并进行点焊固定。

## 第五讲

# 管道构造尺寸测量

## 一、技术背景

在现场管道施工中，设计图只提供了管道走向和管件安装位置，没有提供管道加工尺寸数据。因此，需要根据现场条件和实际安装设备的定位尺寸进行测量。管道的测量尺寸对于施工非常重要。

目前，管道测量方法并没有明确的规范，大多数情况下，操作人员根据自己的经验进行施工操作。然而，这种情况下往往难以保证施工质量和效率。主要问题在于测量方法误差较大，导致加工误差较大，最终成品管道无法安装。这不仅浪费了材料，还影响了施工进度。

通过细化和规范测量方法，可以提高施工质量和效率，减小测量误差，降低加工误差，确保成品管道的安装质量。这不仅可以节约材料，还可以保证施工的顺利进行。

## 二、偏心变径管件测量与装配方法

### （一）激光水平仪和垂线辅助测量法

（1）首先，根据图 17 所示，将卷尺放置在水泵机组管道接口处，确保卷尺保持水平。其次，需要确定垂直线的位置。可以选择从主管 1 的外侧或内侧自由下落，直到垂线不晃动为止。一旦确定了垂线的位置，就可以开始测量 $L1$ 尺寸了。使用卷

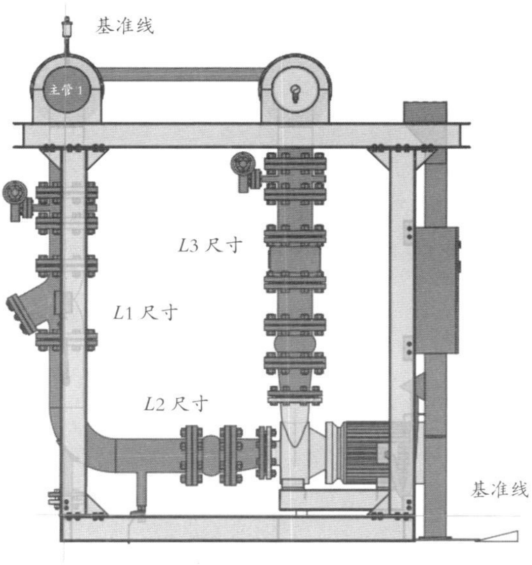


图 17　泵组模块测量示例

尺从水泵机组管道接口处测量至垂线位置，确保卷尺保持水平。在测量过程中，要确保卷尺与管道接口处保持垂直，并且卷尺的刻度清晰可读。当卷尺读数稳定后，记录下卷尺刻度所读数据。

需要根据主管 1 管道的半径来计算 *L*1 尺寸。根据测量结果，将卷尺刻度所读数据减去或加上主管 1 管道半径，即可得出 *L*1 尺寸。

（2）如图 17 所示，*L*2 测量步骤中，首先需要寻找一个任意高度的基点，该基点位于水泵机组和主管 1 之间。其次，将激光水平仪放置在此基点上，确保激光水平仪的激光投射在水泵机组和主管 1 之间。接下来，使用卷尺从水泵机组上方测量至激光投射处，保持卷尺垂直，并记录投射在卷尺刻度上的数据，记为尺寸 1。再次，从主管 1 下方测量至激光投射处，同样保持卷尺垂直，并记录投射在卷尺刻度上的数据，记为尺寸 2。最后，将尺寸 1 和尺寸 2 相加，即可得出 *L*2 的尺寸。同样的方法也适用于 *L*3 的测量。

这种测量方法的原理是利用激光水平仪的激光投射来确定水泵机组和主管 1 之间的距离。通过从不同方向测量并相加两个尺寸，可以得到更准确的 *L*2 和 *L*3 的尺寸。在进行测量时，需要确保卷尺保持垂直，以避免测量误差。此外，选择一个合适的基点也很重要，基点的选择应该考虑到测量的准确性和方便性。

*L*2 和 *L*3 的测量方法是通过激光水平仪的激光投射和卷尺的测量来确定水泵机组和主管 1 之间的距离。

## （二）基准线测量法

（1）如图 18 所示，当现场没有激光水平仪时，可以使用卷尺和气泡水平仪来代替操作，并通过基准线测量法进行测量。需要使用气泡水平仪来调整红色标记位置的水平度和垂直度，使其在 ±0.01° 的范围内。将气泡水平仪放置在需要测量的位置上，并确保其稳定。然后，观察气泡水平仪上的气

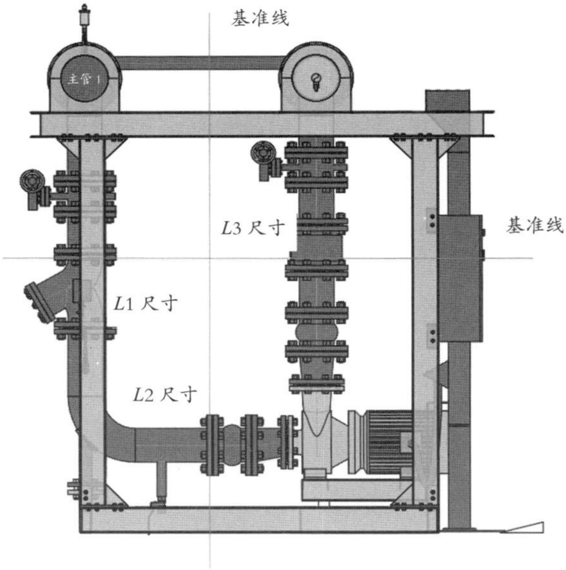


图 18　基准线测量法示例

泡位置。如果气泡偏离了中心位置，说明该位置不水平或不垂直，根据气泡的位置调整红色标记位置；如果气泡偏离中心位置向左倾斜，需要将红色标记位置向左调整，直到气泡回到中心位置；如果气泡偏离中心位置向右倾斜，需要将红色标记位置向右调整。

在调整水平度后，需要进行垂直度的调整。如果气泡偏离中心位置向上倾斜，需要将红色标记位置向上调整，直到气泡回到中心位置；如果气泡偏离中心位置向下倾斜，需要将红色标记位置向下调整。

（2）*L*1 测量步骤：先使用卷尺测量水泵机组至竖向基准距离得出尺寸 1。需要注意卷尺测量过程中一定要保持水平，数据才会准确。再测量主管 1 至竖向基准距离得出尺寸 2，尺寸 1 减去尺寸 2 即得出 *L*1 尺寸。

（3）*L*2 测量步骤：使用卷尺测量主管 1 下沿至横向基准距离得出尺寸 1，再测量水泵机组至横向基准距离得出尺寸 2，尺寸 1 减去尺寸 2 即能得出 *L*2 尺寸。*L*3 尺寸与 *L*2 尺寸测量方法同理。

## 第六讲

# 管道阀部件测量方法

## 一、技术背景

管道阀部件尺寸测量在控制管道精度方面非常重要，因为它直接影响整体装配精度。如果一个管件接口出现 1mm 的误差，当整个管路串联起来时，累计误差将非常大。精确测量管道阀部件尺寸不仅可以提高加工精度，还能确保在查找管路误差时避免干扰，从而更好地找出管路尺寸偏差的主要原因。

不同的管件大小和类型需要采用不同的测量方式，因为它们的数据偏差都很大。对于三通和 45° 弯头等不同类型的管件，采取较为准确的测量方式非常重要。这意味着我们需要根据具体情况选择合适的测量工具和方法，以确保测量结果的准确性。

管道阀部件尺寸的精确测量对于控制管道精度至关重要。它不仅可以提高加工精度，还可以帮助我们找出管路尺寸偏差的主要原因。我们应该选择适当的测量方式，并确保测量结果的准确性。

## 二、常见管道阀部件测量方法

### （一）斜 45° 三通管件测量

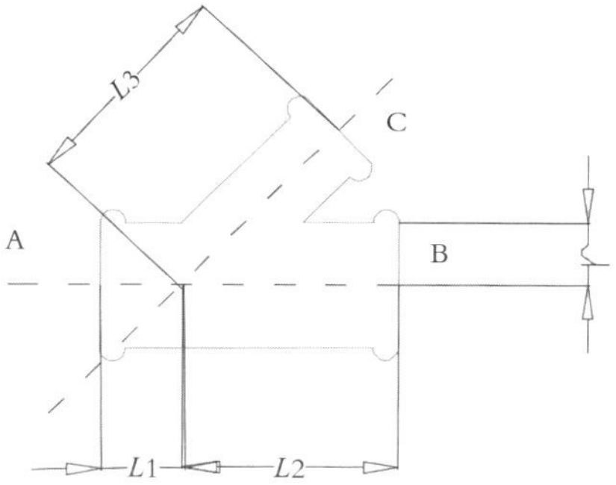


图 19　斜 45° 三通管件

（1）一般斜 45° 三通管件上没有管件中心线，因此无法直接进行管件的构造尺寸测量。将管件放置在一个相对平整的工作台上，确保工作台的表面平整度较高，以便更准确地进行测量。接下来，使用测量工具，如卷尺或卡尺，测量出管道的变径 $r$。这个变径 $r$ 是指管道从一段直管到三通管件的连接处的直径变化。

然后使用 90° 角尺，分别沿着三段直管的长度上作出管道的中心线。这可以通过将角尺的一边与直管的边缘对齐，并确保角尺的另一边与直管的中心线对齐来实现。在测量斜 45° 三通管件的构造尺寸时，需要先测量管道的变径 $r$，然后使用 90° 角尺作出管道的中心线。这样可以确保测量的准确性和精度。

（2）依次测量管端 A、B、C 至交点的尺寸，得出 $L1$、$L2$、$L3$ 的管件构造尺寸。

## （二）90° 弯头测量

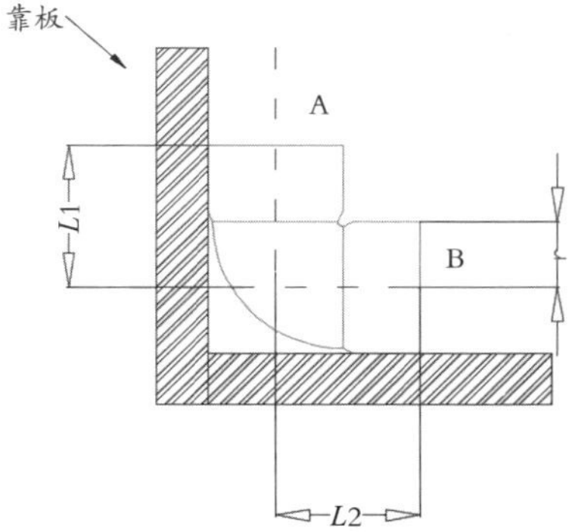


图 20　90° 弯头管件

（1）需要检查 90° 管件的两个接口端面夹角是否确实为 90° 。如果发现夹角存在误差，需要进行打磨修整角度的处理，以确保夹角达到准确的 90° 。同时还需要确保管件端面的横向和竖向平整度。

（2）首先将 90° 管件放置在工作平台上。确保管件的角度为 90° ，使其与工作平台平行。其次准备两块靠板，分别放置在 90° 管件的两侧外侧。确保靠板与工作平台垂直，靠板与工作平台之间没有任何障碍物或间隙，以保证稳定性和安全性。调整靠板的位置，使其与工作平台垂直，并确保两块靠板之间的距离与 90° 管件的长度相匹配。最后检查所有部件的位置和稳定性，确保 90° 管件和靠板都牢固地固定在工作平台上。

（3）测量 90° 管件的管道半径 $r$，需要分别从 90° 管件的端面 A 和端面 B 测量到靠近管道内侧的数据，并将其减去 $r$，以得出 $L1$ 和 $L2$ 的构造尺寸。

## （三）正三通管件测量

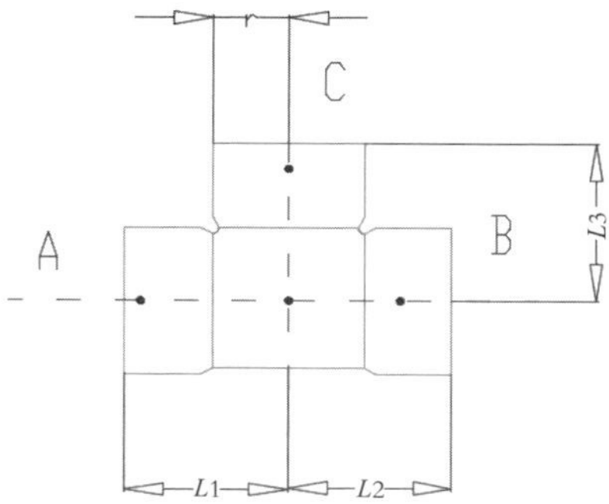


图 21　正三通管件

（1）首先，使用测量工具测量正三通管道的半径 $r$。这可以通过将测量工具的一侧放置在管道的内侧，然后调整直到与管道内壁紧密贴合，读取测量工具上的数值来确定管道的半径。其次，使用两点确定一条直线的原理来作出管道的中心线。选择管道上的两个点，可以是管道的两个端点或者其他位置的点。使用直尺或者其他直线工具将这两个点连接起来，形成一条直线。这条直线即为管道的中心线。

（2）再分别测量构造尺寸。其中，构造尺寸 $L1$

是从端口 A 到两条中心线交点的距离，构造尺寸 $L2$ 是从端口 B 到两条中心线交点的距离，构造尺寸 $L3$ 是从端口 C 到两条中心线交点的距离。测量时，可以使用测量工具（如卷尺或游标卡尺）来准确测量距离。

## （四）45° 弯头管件测量

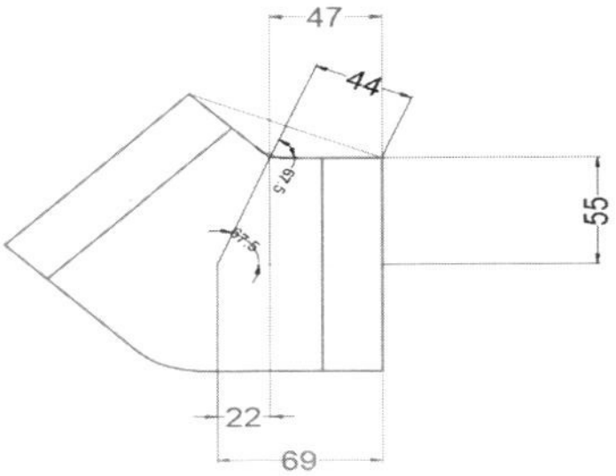


图 22　45° 弯头管件

（1）如图 22 所示，已知尺寸 44 和 55 及两个角度 67.5°。

（2）根据三角函数能够计算出 $44 \div \sin67.5 \approx 47$；$55 \times \cos67.5 \approx 22$；构造尺寸：47+22=69。

# 后　记

2019年我毕业来到中建八局，公司为我量身打造了实训基地，配备了专业指导老师。在这里，我不断学习国内外先进技术，每天训练10小时以上，每一步工艺反复构思，每一个操作环节循环上百次，图纸更是画了上千遍。

作为一名技术青年，我觉得应该朝着大国工匠的目标成长。2022年，中央电视台制作的《大国工匠》节目中报道的钳工、电焊工等师傅，看似普通、平常，却在参与我国最尖端的大飞机、火箭、高铁等项目。这期节目播出后，社会反响巨大，人们惊叹于他们高超的技艺，也折服于他们执着的追求。这些大国工匠让我真实体会到——工匠精神不是口号，它是时代的需求，是文化的传承。

在省市领导的支持下，我们成立了“工匠人才创新工作室”，共有成员21名，平均年龄32岁，是一支青年型技术队伍。目前，我在“八一安装”智造研发中心负责装配式机房加工生产、科技研发和产业工人培训工作。我将多年积累的经验成果下沉智造研发中心生产一线，用专业技术完善制造工序，将管道安装和管道焊接工期缩短20%，现场部件装配出错率降低至1%；同时定期对工人进行实操技能培训，规范工人操作并提升他们的技能。

青年强，则国家强，我们生长在最好的时代，拥有无比广阔的舞台，将时刻谨记习近平总书记对青年人的嘱托，“激励广大青年走技能成才、技能报国之路”，用我们的力量倾心引才、悉心育才，复刻更多青年工匠。

陈宇航

2023年7月

**图书在版编目（CIP）数据**

陈宇航工作法：大型管道装配 / 陈宇航著. —北京：
中国工人出版社，2024.6
ISBN 978-7-5008-8282-4
Ⅰ. ①陈… Ⅱ. ①陈… Ⅲ. ①管道工程－工程设计 Ⅳ. ①U172
中国国家版本馆CIP数据核字（2023）第183020号

**陈宇航工作法：大型管道装配**

出 版 人　董　宽
责任编辑　王学良
责任校对　张　彦
责任印制　栾征宇
出版发行　中国工人出版社
地　　址　北京市东城区鼓楼外大街45号　邮编：100120
网　　址　http://www.wp-china.com
电　　话　（010）62005043（总编室）
　　　　　（010）62005039（印制管理中心）
　　　　　（010）62379038（职工教育编辑室）
发行热线　（010）82029051　62383056
经　　销　各地书店
印　　刷　北京市密东印刷有限公司
开　　本　787毫米×1092毫米　1/32
印　　张　2.5
字　　数　35千字
版　　次　2024年7月第1版　2024年7月第1次印刷
定　　价　28.00元

# 优秀技术工人百工百法丛书

## 第二辑　海员建设卷

# 优秀技术工人百工百法丛书

## 第一辑　机械冶金建材卷